새들에게 배우다

새들에게 배우다

박귀덕 시집

인간과문학사

• 시인의 말 •

간이역에 멈춰

새들에게 귀를 내어주고

오래 살고 있던 적막의 등을 쓸어주며

평안을 기원했습니다

삶의 버팀목이 되었던

귀한 인연들

고맙습니다

2025년 3월 6일

차례

시인의 말 - 5

제1부 새들에게 배우다

이별 - 11
우연 - 12
분재 - 14
모닥불 - 15
어머니 - 16
휘청거리는 오후 - 17
새들에게 배우다 - 18
반보기 - 19
할미새 - 20

제2부 이슬 맺히다

노을 - 23
일출 - 24
안개 - 26
보름달 - 27
이슬 맺히다 - 28
가을 오네 - 29
기다림 - 30
설중매 - 32

제3부 사막에 뜬 별

그리움 - 35
동그라미 - 36
벽화 - 37
사막에 뜬 별 - 38
행복한 순간들 - 39
벽 - 40
솔섬의 노을 - 41
여명 - 42

제4부 해변의 의자

다완 - 45
그림자 - 46
미꾸라지 - 47
못 - 48
소나기 - 49
구름 - 50
상사화 - 51
해변의 의자 - 52

제5부 노란 선 넘어

술잔에 뜨는 별 - 55
가을 산책 - 56
허튼소리 - 57
노란 선 너머 - 58
오층석탑 - 60
아까막새 - 61
박새 - 62
목욕재계 - 64
머무르고 싶은 서귀포 - 66

제6부 꽃길을 걸으며

낮달 - 69
꽃길을 걸으며 - 70
목련 - 71
고별 - 72
흰국화 - 74
소리꾼 - 75
또 하나의 이별 - 76
웃음꽃 - 78

박귀덕 시인의 시 세계

존재를 돌보고 지켜내는 초꼬슴 정신 _ 김영 (시인·문학평론가) - 80

제1부

새들에게 배우다

이별

바람 불고
눈은 내리고

매화나무 꽃가지에

바람 불고
비도 내리고

그렇게
연분홍 열여섯 살이 간다

우연

좋은 곳 골라 태어나 살고 싶지
그것은 누구나의 바람이지만
태어날 때 어디 내 맘대로 태어났던가

삭은 줄기 사이로 새롭게 돋아
물 위에 떠 있는 반반한 연잎들
그 많은 연잎 속에 혼자서만
머리에 깡통이고 태어난 연잎

들을 수 있을까
볼 수는 있을까

무엇을 보지 않으려고
깡통 뒤집어쓰고 묵상하려는가
휘둘리지 않을 곧은 심지
하나쯤 높이 세우려는가

한낮 물 위에 떠서 졸고 있는 오리는
깡통 뒤집어쓴 연잎의 속 사정을 알까

오월의 연못에는 우연이 지배하는
산 자와 죽은 자가 공존하고 있다

분재

굽은 허리 늘어진 어깨
잘려 나간 가지를 다스려
바위틈에 뿌리내린
자태가 고즈넉하다

육신의 통증 다 잊고
하늘 닮은 좌대에 앉아
세상과 맞닿을 수 있는
흙 한 줌을 부러워한다

아무리 목이 타도
스스로 물 한 방울 구할 수 없어
길게 늘여보는 꿈이
하늘을 우러른다

비와 바람과 천둥과 햇빛을 받아
오롯하게 한 생애 피워보고 싶다

모닥불

별빛 쏟아지는 바닷가
아버지는 이야기를 굽고
어머니는 사랑을 익힌다

꿈 좇아 별 따러 간 형

타오르는 모닥불 사이로
불꽃처럼 피어나고 싶은
우리들의 꿈 한 송이

어머니

성황당 고갯길에
빨간 열매 하나
먹음직스럽다

우리 집 뒤란 감나무에
까치가 남겨두고 간
빨간 홍시 하나
아, 어머니

휘청거리는 오후

평생의 한이 안주 되던 날
맥주에 소주
막걸리에 보드카까지 섞어 마시던 밤
초롱초롱해지던 눈망울에 들어서는
주막집 아주머니
김치찌개에 새우젓갈 내놓으며
평생 흩었던 실타래
가다듬으라고 한다

인적 드문 자정 넘어
주머니 털털 털어 내놓으며
돈 만큼만 가주세요 했더니
요금이 모자라도
목적지까지 가준다는 기사 아저씨

자정이 훨씬 지나서까지
실타래를 감아주는
고요한 인연들

새들에게 배우다

솟대가 구름 몇 점 물고 있는 바닷가
물살에 햇살이 스며들면
백로는 하루치의 명상을 시작한다

하늘과 바다가 손잡으면
윤슬에 나이테가 출렁이고
늦게 핀 아기 동백꽃밭에서
오리 떼 분주하게
물살을 헤집는다

저만치 서 있던 왜가리에게
느티나무가 바람을 보내면서
새들에게
배우는 아침은 온다

반보기

푸른 5월 하늘엔 비행기 날고
들판 가로변에 금계국꽃이
등불을 밝혔다

공항 옆 짠 냄새 번진 바닷가 카페에서
우린 만났다

모래사장엔 달랑게가 그림을 그리다가
깜짝 놀라 제집으로 숨어든다

바닷가 모래사장에 세워 놓은 그네

어릴 때 밀어주지 못한 것이 생각나서
그네를 밀어 주었다
해풍도 모녀를 밀어주었다

훨훨~~~
푸른 하늘을 날아가듯

할미새

능선에 해가 뜨고 바람 소리 해맑다

금방 비질한 절 마당같이 물결이 곱다
갈참나무잎을 세차게 흔들던
바람도 부드러워졌다

금빛 물 위에서 놀고 있는 오리 가족
선비 걸음 걸으며 산책하는 두루미 가족
개펄에서 조개 잡는 할머니 가족

수면 위로 뛰어오른 망둑어가
바다에 생기를 풀어 놓으면 어촌 마을은
아침 먹는 시간이다

가을걷이 끝난 밭둑에 아침을 차리는 할미새
수수목 잔가지 어린 새 앞에 내려놓는다

된장찌개 냄새가 허기를 부른다
뚝배기에 손녀의 재롱을 담아
아침상을 차린다

제2부

이슬 맺히다

노을

섬과 섬 사이로
태양이 내려앉는다

팔도 사람들
불러 모으는 시간
황금색 윤슬을 보았다

고운 물결이 그려내는
아라베스크 문양들
나타났다 사라진다

보이지 않는 재주로
물결은 시시각각 그림을 그리고
심장은 붉게 타오른다

저 바다가
품고 있는 것이 무엇이기에
당초문양을 그려
까닭 없이 내 심장을 타오르게 하는가

일출

바다에
해가 색을 풀었다

아직 찰랑거리는 물 위에
다홍색, 황금색, 은색

윤슬 위로
햇살이 온몸으로 쓰는 i

불기둥 하나 우뚝 선 개펄에
경건해진 내가
내 앞에 두 손 모은다

깊은 물 속에 날카롭게 솟아 물살을 가르는 암석처럼
고목 나무에 패인 웅덩이를 시멘트로 메워놓은 옹이처럼
얼기설기 흩어 놓은 실타래처럼
험한 마음 다독여 가다듬고
안정을 찾을 수 있는

그 순간에 닻을 내리고 싶다

i 는 본향
가 닿고 싶은 그곳

안개

창문에 비친 세상이 온통 뿌옇다

그냥 봄날에 가끔
찾아오시는
흑도 아니고
백도 아닌

중간쯤의 젊은 시절

보름달

서걱거리는 갈잎
호숫가에 부는 바람 소리
그 바람이 불면
가슴 일렁이는 여인은
바람 속으로 스민다

호수에 뜬 보름달은
네 것

네 눈동자에 어리는 달과
네 가슴속에 스며든 달
그것은 내가 가지련다

이슬 맺히다

촛불이 모여 만든 눈물이
노란 바람개비 돌리는 회오리가 되어
내 집 거실 창문에 눈물 맺혀 놓았다

나뭇잎 잃어버린 가지 사이로
칼바람 불어오니
두 손 모아 따뜻한 봄을 기다리는 사람들이
광화문 광장에 함성으로 강물처럼 흐른다

한파 없이 봄은 오지 않는다

가을 오네

나뭇가지에 놀던 귀뚜라미
흥겹게 부르던 여름 노래 사라지니

서서히 찾아온 서늘한 바람
고운 색으로 변해가는 마로니에 나뭇잎
빨갛게 익은 남천 열매
나목에 매달린 까치밥

가을은
나뭇잎에 그리움을 그리며 온다

기다림

문이 열렸다
찻잔에 잠긴 눈동자에
생기가 돈다

행여나 하던 마음에
실망이 쌓여간다

고개 숙여
손목시계를 본다

발자국 소리
의자 끄는 소리
찻잔 부딪히는 소리
옷자락 스치는 소리
소곤거리는 귀엣말 소리

낯선 사람이 들어오고
또 낯선 사람이 들어오는 걸 보며

앉아 있는 내가 싫었다

눈꺼풀이 내려앉는다

설중매

눈보라가 세차게 치는 날
한옥마을 골목 담벼락에 기대어
활짝 핀 매화를 본다

추위에도 아랑곳없이
햇살 한 움큼 거머쥐고
제 목숨 챙겨 활짝 웃는다

책을 많이 읽고
맛있는 글 한 편 빚어보고 싶어
밤잠을 설치기도 했다.
사물과 친해져서
내 삶의 조각들이 떠오르고
독자들에게 다가가는
글 한 편 쓸 수 있기를 소망하며

글과 함께했던 시간을 돌아본다.

제3부

사막에 뜬 별

그리움

찬 서리에 나뭇잎 다 떨구고
우두커니 서 있는 감나무

세차게 불어오는 바람에
땡볕 받아 붉게 읽은 홍시

까치밥 놓칠라

나무 밑을 서성이는
어머니

동그라미

빗방울이 운동장에 그리는
동그란 얼굴

그리고 지우고
지우고 그리고

가을비에 씻긴 얼굴이
빛나는 검은 눈동자가

우산도 없이
비를 맞으며
해맑게 웃는다

벽화

어린잎 앞장세워 쉼 없이
그려 놓은 그림에 마음이 끌린다

힘들 때 등 다독여 주며
깍지 낀 손 움켜잡았던 순간들

더딘 걸음 재촉하지 않고
넘어져도 일어설 때를 기다려 주며
기어오르던 순간들

혼자가 아니라서 외롭지 않았다고
벽에 남긴 담쟁이 발자국

사막에 뜬 별

깜깜한 밤
사막에서 별을 본다

불빛을 피해
낮은 자세로 걸었다

어둠이 짙어질수록
돋보이는 별들 빛살

머리 위로
금방이라도 쏟아질 듯
두렵기도 했다

사막에 뜬 별들이
유난히도 가깝다

행복한 순간들

봄밤 목련꽃 향기 한소끔
여름 석양에 피어난 구름 한소끔
가을에 푸른 빛 하늘 한소끔
눈 덮인 풍경 한소끔
가뭄에 타는 내 마음에 소나기 한소끔
여름밤 이마에 닿는 바람 한소끔
망해사 앞바다 노을 한소끔

실수도 이해하고 보듬은 정 한소끔
쓰러졌을 때 손잡아준 위로 한소끔
푸성귀 늘어놓은 난전의 할머니 졸음 한소끔

벽

라일락 향기에 취한 오후
창가에 스며든 푸른 하늘 따라
가파른 생각이 먼저 뛰었다

보고 싶은 마음도 같이 달린다

쾅~ 창문에 부딪히고 나서야
경고장을 날리는 이마의 통증

세상은 온통 벽이다
날개를 펼칠 수 없는 벽
나는 것을 잊었다

잠시 멈춤

속도를 막아서는 벽에게
통증이란 대가를 지불하고
얻은 하늘 한 조각

솔섬의 노을

하늘과 바다 사이
낮과 밤 사이
하루 두 번
보호 교대하는 사이
큐피드 화살
마구 쑤셔대는 사이
솔섬 금색 물
울컥울컥 쏟아내는 사이

여명

까치들 노래방 차렸다
새들 합창 들으며
소나무 가지에 걸어둔 봄이
송홧가루 날린다

솔향으로 아침을 열면
푸른 바람이 다가온다
한입 가득 퍼지는 푸른 생기 마시며
송화다식을 먹는다

잔에 담긴 그윽한 향기
평안한 아침을 맞는다

제4부

해변의 의자

다완

덕진 연못 돌아 나와
연향 담은 시선으로
홀로 서 있는 잔을 바라본다.

순금으로 그려 놓은
나부裸婦 초상

흙에서 태어나
순수의 몸으로 진한
연록의 생명수를 품을 수 있는
순백의 모성이다

상현달 그림자 드리워진 방안에서
오랜 벗과 잔의 온기 나누며
도란도란 이야기 한 타래씩
건져 내 화롯가에 설화를 뿌린다.

그림자

서해에 혹등고래 한 마리
남으로 남으로 간다
내가 가는 제주도 방향으로
어깨를 맞추며 간다
꼭 그렇게
그만큼 떨어져서

엄마 말 안 듣고 해찰하다가
형제들과 헤어졌을까
먹을 것 욕심부리다가
동료들 무리에서 떨궈졌을까
부모 사랑 독차지 하려다가 형제들에게
왕따당했을까

외롭게 헤엄치던 혹등고래 한 마리
고독을 곱씹으며 가고 있다

제주공항 활주로에서 한 몸 되었다

미꾸라지

모내기 끝나버린 지평선

도랑에 물이 빠지면
웅덩이로 모여드는 물고기 떼
고물고물 살을 부빈다

잡았다 하는 순간
손가락사이로 빠져나간

내 시들은 어디로 가버렸을까

못

열병에 봉곳해진 가슴은
솜털 뽀송한 대장장이의
짝사랑이 남긴 흔적이다

알 수 없는 사내 마음
차갑고도 단단히 뭉쳐
뾰족해져 버린 촉각
날카로움에 눈빛도 쉬이
곁을 내주지 않는다

뒤통수 얻어맞고서야
겨우 제자리를 찾는
용광로 속을 헤집고 떠도는
혼으로 빚어낸 초꼬슴 사랑

소나기

흰 구름 몰아내던 세찬 바람이
서산에 걸려있던 먹구름을 몰고 온다
후두둑 빗방울 떨어지고
곧이어 목울대 뻗쳐 괴성 지르며
불 칼 번득여 하늘을 가른다

겁먹은 장닭 날개를 접고
빨랫줄 되었다.
번뜩거리는 불 칼 앞에
죄 많은 장닭 간 졸인 하루

저지른 죄 모르고 사는 세상

구름

장마가 지나가고
비 갠 날 아침
인후공원 팔각정 나뭇가지에
하얀 커튼이 걸렸다

뻐꾸기 노랫소리에
칠팔월 무더위도 날려 보내고

진양조 가락에 나뭇잎
살풀이춤 춘다.

지상에 시름 다 쓸어 가려는 듯
볼을 스치던 하얀 수건이
가을 하늘에
내일의 태양을 부른다

상사화

구천을 맴돌던 영혼
땅속 깊이 묻어두었던 그리움
어느 날 문득 솟구쳐 저리 붉어라

임의 눈빛 닿지 않는 곳에
꽃대궁 높게 올려놓고
피 맺히게 울던 소쩍새 울음
그 넋이 선홍빛 꽃이 되었다

붉은 이슬 받아 머금은
기다림의 구월

해변의 의자

자카란다의 보랏빛 향기로 하늘을 쳐 받히지 않았다
천사의 날개로도 보호받지 않는 의자

한 발은 세상에 두고
세 발은 하늘로 날려 보내는 푸른 꿈

가족에게도
친구에게도
길손에게도
발을 내딛지 못하는

허공을 향해 날갯짓하며
아무에게도 자리를 내주지 않는
외로운 몸짓

제5부

노란 선 너머

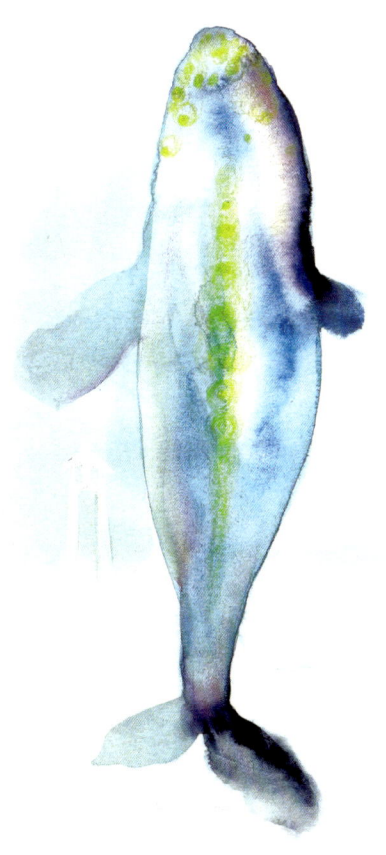

술잔에 뜨는 별

평상에 누워
별을 노래하던 밤을
술잔에 담았는데

보고 싶은 얼굴
듣고 싶은 목소리
다정한 미소가
별이 되어
술잔을 가득 채운다

깊어가는 여름밤

가을 산책

가을이 오면
모과는 향기를 내어주고
감은 단맛을 내어주고
단풍은 색을 내주어
세상을 곱게 물들인다

향기도
단맛도
고운 색도
내줄 것 없이 살아온 삶

가을을 닮고 싶었으나
한 발짝도 내딛지 못하고
바람에 날리는
젖은 낙엽만 바라본다

창밖에
가을이 서성거린다

허튼소리

밤하늘에 흩어 놓은 말
성난 파도가 되어 시퍼렇다

어느 날
훅 날아든 뜬소문이
가슴 깊게 꽂혀 자존감
떡잎을 자른다

귓결에 주워들은 말 조각들이
갈피를 잡지 못한 생각들이
뒤엉킨 머릿속에 살아서
고막을 막아도
귀를 씻어내도

곱씹고 또 곱씹혀
회오리로 골목을 휩쓴다

별은 말없이 시치미 떼고

노란 선 너머

몇 날 밤
손꼽아 기다리다 찾아간 곳에
먹구름이 비를 뿌린다

팔랑개비 돌고 있는 언덕에
스며든 빗줄기는
남과 북을 나누지 않고
하천으로 흐르겠지

땅 위에 금 그려 놓고 사는
현실이 불서럽다

자유의 집
남북 정상들이 넘나들던 낮은 담
두 정상이 나눈 이야기 엿들었을 도보다리
한라산 흙과 백두산 흙을 합치고
한강 물과 대동강 물을 부어 주었다는 소나무
모두가 통일의 희망을 기대하게 했었다

선을 지키고 있는 경비병들을 보며
통일의 날이 오기를 기도했다

저 너머 북에서 백로 한 마리 날아온다
우리는 갈 수 없는 노란 선 위를
자유로이 넘나드는 백로를 부러워한다

"보이는 곳 너머까지 평화를"이란 문장을
가슴, 가슴마다 새겨
노란 선 너머로 훨훨 날려 보냈다

오층석탑

안개 속에 서 있는
키 큰 남자와 눈이 맞았다

눈보라 몰아치는 거친 세월에
켜켜이 쌓여 있는 이끼들
층층이 쌓아 놓은 이야기들 껴안고
묵묵히 백제를 지킨 시간들

빈 절 마당에 우뚝 서서
하늘을 향해 날아오른다

'품위는 자기 스스로가 지켜가는 것이라'
말하는 그 남자를
기왓장 너머로 본다

자욱한 안개는
그 남자 발아래 날개가 되었다

아까막새

날개도 없이 훨훨 날아
세상을 떠도는 새
날개 없이도 천 리 길
너끈히 날아가는 새

날개 달아 날려 보내면
고향도 벗어나 날아다니는 새

푸른 이끼 내려앉은 바윗돌 같은
방언 딱지 붙여 놓아도
아무렇지 않게 훨훨 날아가는 새

말이 생명이라면
이쁜 '아까막새'에 방언이란 딱지 떼어 내고
지역이란 장벽을 넘나들 수 있도록
날개 달아 날려 보내주고 싶은 새

이름만 들어도 웃음 나오는 새
아까막새

박새

어린 새 한 마리
가로등 지주대 꼭대기에 앉아
세상을 본다

잃어버린 시간 들
실타래에 엮어 놓고
뜬눈으로 기다린 새벽
꽁꽁 얼어 버렸다

차가운 바람 몰아치는 길목에서
거센 빗줄기 휘감고 앉아
추위에 떨며 지새우던 밤
외로움도 잊고
눈만 껌벅이며
하릴없이 세상을 본다

어미 품 떠나고 나니
그 흔했던 애벌레도 먹을 수 없어
배고픔이 더욱 밀려온다

속 울음
빗물에 씻겨진 눈물
빗소리에 스며든다

엄마랑 놀던 그때가 그리워

목욕재계

오후 2시가 졸고 있다
햇볕이 따스해 산책하기 좋은 날
덕진 연못에 나가 졸고 있는 오리를 본다

삭은 연 줄기 사이에 고인 물을
헤집고 다니는 원앙 가족
퍼드득, 첨벙거리며 활짝 편 날갯짓으로
먼지 털어내고 헤엄친다

비둘기는 큰 돌이 좋아
물가에 쌓아 놓은 축대에 모여들어
비둘기들의 놀이터다
친구들에게 엉겨서 몸을 비비고
훼를 쳐 물살을 일으키며
희희낙락거린다

물속을 헤집어 겨울을 털어낸다

덕지덕지 쌓아 놓은 생각들~

봄맞이 하려는 그들만의 의식이다
새롭게 살아 보려는

물둠병에서
그들만의 오후가 출렁거린다

머무르고 싶은 서귀포

시로 봄을 부르는 사람들이 사는 곳
청정바다에서 건진 미역
바위틈에서 잡아 온 뿔소라, 전복

태왁에 가득 담아 올리면
숨비소리가 물낯을 한참 가로지르는 곳
낚시로 건진 옥돔, 은갈치, 고등어는 굽고
겨울을 너끈하게 건너온
무, 당근, 양파, 대파, 양배추와
보말미역국을 먹으면서 평안히 살고 싶은 곳

새연교 산책길에 금색 노을 출렁이고
칠십 리 시 공원 매화가 봄 향기를 나누어 주는
밤새워 저를 씻어내리는 정방폭포 소리와
귀 떨어진 조개껍데기도 시가 되는 곳

제6부

꽃길을 걸으며

낮달

동쪽 하늘이 훤히 밝아도
갈 길 가지 못한 반달이
생기 잃고 중천에 떠 있다

어설프게 살다가 남긴
초점 잃은 눈동자 같다

아등바등 살기도 하고
찰나에 기대어 보기도 했던
젊은 날들이 쇠잔한 기력으로
허공에 풍덩 빠져 버린 꿈들이

어설프게 살다간 빛바랜 일생이 되어
낮달로 떠 있다

꽃길을 걸으며

봄볕에 익어 버린 꽃잎
남실바람에 나비 되었다

꿩꿩 천둥소리 산울림에
사방으로 흩어지는 꽃잎들

공허한 천지를 휘~ 돌아
저리 가득 꽃잎 세상 되었다

어두운 시절
나비 따라나서면
제비꽃 민들레 할미꽃
고즈넉이
언덕에 내려앉았다

아득하여라
그 꽃길로 어머니
꽃상여가 흘러갔었지

목련

대학병원 노인 병동 MRI실 창밖에
겨울을 건너온 건지산이 누웠다

찬바람에 잎 다 떨군 알몸들
그 앞에 하얗게 서 있는 봄

싱그러운 바람
화사한 햇볕 받으며
저승길 떠나는 영혼을
위로하는 순백의 여인

모네의 "양산을 든 여인"이
화폭에 서 있다

고별

61병동
창밖에 봄이 서 있다
라일락 두 그루
봄 향기 풀풀
풀어 놓았다

반갑다
푸른 하늘도
보랏빛 향기도
연초록의 라일락 이파리도
봄 향기 따러 달려가고 있다

두 볼에 강물이 흐른다

그러나 외롭지 않다
라일락 향기 따서
그이 손에 꼭 쥐여 주며
저승길에 노자로 쓰라고

미워하지만은 않았노라고
고통 없이 편안히 잘 가라고
말해야겠다

흰국화

어린 남매가 《라푼젤》을 보고
중국요리 먹던 날
"할머니, 돈도 못 버시면서 왜~
비싼 요리 사주세요?"

이글거리던 붉은 숯덩이
목구멍에 딱 걸렸다

"응~ 할머니가 먹고 싶어서,
너희도 많이 먹어라~"

돈 벌러 타국에 간 젊은 아빠
국화꽃으로 돌아오던 날

설움으로 목메어
마른침만 꿀컥꿀컥 삼키며
어린 남매와 영화를 봤다

그리고
아무 말도 하지 못했다

소리꾼

하늘도 물
땅에도 물
세상이 온통 물바다 되어
지구가 몸살을 앓는다

저 먹구름 날려 보낼
바람을 기다리다 하루가 다 간다

폭우가 휩쓸고 지나가니
참나무에 모여드는 곡비들
<u>쓰르르 쓰르르르</u>
<u>쓰르르 쓰르르르</u>

힘든 여름을 보내며
지구의 건강을 염려하는
떼창이 구슬프다

또 하나의 이별

석양빛이 곱던 망해사
부처님 아홉 분 계시던 극락전

내 눈망울 속에서
내 기억 속에서
아스라이
멀어져 간다

한밤중
하늬바람이 솔숲에서 잠들었을 때
풍경 소리도 고요히 잠들었을 때
목탁 소리 멈추고 소라도 잠들었을 때

걷잡을 수 없는 불길 속에
아홉 분의 부처님이 산화되셨다

명승지로 지정해 준다고 약속받은 절에
그을음 상처 입고 살아남은 낙서전

바다만 바라보던 종각
늙어서도 울울창창한 팽나무 두 그루가
그 밤의 불길을 피해 살아서
극락전과 이별을 아쉬워 한다

웃음꽃

쨍그렁,

난 시집에서 열심히 일했어.
그러다 보니 어머니를 위해서는 아무것도 못 했잖아
하며 설거지를 한다

네가 시댁에서 애썼잖아
친정에 오면은 편히 쉬고
한숨 돌리고 가는겨

작은방에 들어가서 스르르 눈을 감는다.

그 사이
저녁 밥상을 차려놓은 엄마
잠에서 깬 딸
5시에 같이 하자 했잖아
그래 별거 안 차렸어

저녁 먹고 설거지하려고 주방에 들어온 딸
어머니와 서로 밀치다가
아뿔사
손에서 밀려난 밥공기가 쨍그렁하고
큰소리 지른다
설날 큰소리로 세상을 열었으니
올해는 큰 액땜 한겨
이젠 좋은 일만 남은겨

두 얼굴에 활짝 핀 웃음꽃

■ 박귀덕시인의 **시 세계**

존재를 돌보고 지켜내는 초꼬슴 정신

김 영 시인·문학평론가

1. 파종과 파수

'문학은 영혼의 반영일까?' 박귀덕 시인의 시집 『새들에게 배우다』 원고를 읽는 내내 머릿속에 맴돌던 생각이다. 수필로 등단하여 문단 생활을 시작한 박귀덕 작가가 시인으로 등단한 지 5년 만에 첫 시집을 묶겠다고 원고를 건네왔다. 필자와 많은 시간을 같이 보내는 터수라 기꺼이 원고를 받아 읽었다.

박귀덕 시인은 평소 다른 사람을 깊이 배려하는 문인으로 정평이 나 있다. 그 배려의 폭이 너무 넓거나 깊어서 때론 박귀덕 시인의 마음을 놓치기도 하는 사람들이 있다. 필자도 마찬가지다. 박귀덕 시인을 오래 보아온 필자의 소견도 언제든, 어느 상황에서든 자기 욕심을 버리고 타자를 먼저 생각한다는 것이다. 간간이 들은 바로는 어려서부터 교회 안에서 자랐다고 한다. 그때 받은 영향으로 항상 다른 사람을 이끌고 챙겨나가는 행동이나 사고가 몸에 밴 박귀덕 시인이다.

파종은 씨앗을 논이나 밭에 뿌리는 행위다. 파수는 일정한 곳을 경계하고 지켜내는 일이다. 박귀덕 시인의 원고를 읽는 동안 어린 시절에 어떤 환경에서 어떤 교육을 받았고 누구의 영향을 받았는지가 사람의 일생을 끌고 간다는 생각을 계속해서 했다. 한 사람의 일생은 어린 시절에 그 사람의 정신이나 영혼에 파종된 무언가를 지켜내는 파수꾼의 과정이라고 생각했다. 박귀덕 시인이 시적 화자를 통해 자신과 세상에 들려주는 이야기에 귀를 대보자.

> 좋은 곳 골라 태어나 살고 싶지
> 그것은 누구나의 바람이지만
> 태어날 때 어디 내 맘대로 태어났던가
>
> 삭은 줄기 사이로 새롭게 돋아
> 물 위에 떠 있는 반반한 연잎들
> 그 많은 연잎 속에 혼자서만

머리에 깡통이고 태어난 연잎

들을 수 있을까
볼 수는 있을까

무엇을 보지 않으려고
깡통 뒤집어쓰고 묵상하려는가
휘둘리지 않을 곧은 심지
하나쯤 높이 세우려는가

한낮 물 위에 떠서 졸고 있는 오리는
깡통 뒤집어쓴 연잎의 속 사정을 알까

오월의 연못에는 우연이 지배하는
산 자와 죽은 자가 공존하고 있다

— 「우연」 전문

 위 작품의 시적 화자는 "오월의 연못"을 바라보고 있다. 오월은 충만한 생명력으로 출렁이는 계절이다. 시적 화자가 바라보고 있는 "연못"에서도 "삭은 줄기 사이로 새롭게 돋아/ 물 위에 떠 있는 반반한 연잎들"이 피어나고 있다. 그런데 그 많은 연잎 중에서 특이한 연잎 하나가 시적 화자의 시선을 사로잡는다. "머리에 깡통이고 태어난 연잎"이다. "깡통"이라는 외적 환경 때문에 연잎은 태어나면서부터 "들을 수 있을"지도 걱정되고 "볼 수는 있을"지도 걱정된다.

이 작품 속에서 "깡통"은 새로 피어나는 연잎이 처한 환경이다. "태어날 때 어디 내 맘대로 태어났던가"라는 언술처럼 연잎 자신의 결정으로 선택할 수 없던 환경, 즉 존재에게 주어진 환경을 상징한다. 이 환경은 "우연이 지배"한다.

어차피 바꿀 수 없는 환경에 태어난 존재라면 존재를 둘러싼 외적 환경에 순응하는 법을 선택한다. "휘둘리지 않을 곧은 심지/하나쯤 높이 세우려는" 뜻을 세우고 "묵상"하는 것이다. "심지"를 "높이 세"우겠다는 말은 이미 학습하거나 체득한 삶의 진리들을 통해 실존을 지켜내는 파수꾼'의 자세로 자기중심을 올곧게 지켜내겠다는 말이다. 연잎의 이런 행위는 "한낮 물 위에 떠서 졸고 있는 오리"와 극명하게 대조된다.

연잎이 사는 연못은 "우연이 지배하"지만, 좋은 환경에서 태어난 존재인 "오리"와 "깡통"이라는 악조건 속에서 태어난 "연잎", 그리고 "산 자와 죽은 자가 공존하"는 공간이다. 서로 다른 환경이어도 타자를 질투하거나 태어난 환경을 원망하지 않고 한세상에서 공존한다는 시적 화자의 철학을 엿볼 수 있는 대목이다.

> 굽은 허리 늘어진 어깨
> 잘려 나간 가지를 다스려
> 바위틈에 뿌리내린
> 자태가 고즈넉하다

육신의 통증 다 잊고
　　하늘 닮은 좌대에 앉아
　　세상과 맞닿을 수 있는
　　흙 한 줌을 부러워한다

　　아무리 목이 타도
　　스스로 물 한 방울 구할 수 없어
　　길게 늘여보는 꿈이
　　하늘을 우러른다

　　비와 바람과 천둥과 햇빛을 받아
　　오롯하게 한 생애 피워보고 싶다
　　　　　　　　　　　　　　　-「분재」전문

　환경에 순응하는 시적 화자의 자세는 이번 작품 "분재"에도 아주 잘 나타나 있다. 위 작품 속 "분재"라는 존재의 상태는 "목이 타"고 "굽은 허리 늘어진 어깨/잘려 나간 가지"다. 분재가 "뿌리내린" 곳도 "바위틈"이다. 이 작품의 "바위틈"은 앞에서 언술한 작품 「우연」의 "깡통"과 같은 상태 내지는 상징을 지닌다. 그러나 시적 화자는 태어난 환경에서 최선을 다해 삶을 도모한다. "육신의 통증 다 잊고" "하늘을 우러러" "길게 늘여보는 꿈"을 꾼다. 이 꿈은 "오롯하게 한 생애 피워보"는 일이다. 존재로서 가장 충실하게 존재를 지켜내는 방법은 매 순간 최선을 다하는 자세다.
　시적 화자가 꿈을 이루는 방법은 "비와 바람과 천둥과 햇빛을 받아"서다. 이는 "분재"가 자신을 둘러싼 환경을 도외시하지 않고 함께 공존하는 자세를 취한다. 그런 시적 화자는 "자태가 고즈넉"한 존재로 변해간다. 고즈넉하다는 말은 조용하고 다소곳하다는 말 외에도 품위 있고 고아하다는 말이 함께 들어있다. 이런 자세가 존재를 존재이게 한다. 그래서 존재는 위대한 것이다. "분재"로 상징되는 존재가 어려운 환경 속에서도 존재 자체의 존엄성과 실존을 지키기 위한 파수꾼의 역할을 충실히 수행했다고 볼 수 있다.

`모내기 끝나버린 지평선

도랑에 물이 빠지면
웅덩이로 모여드는 물고기 떼
고물고물 살을 부빈다

잡았다 하는 순간
손가락사이로 빠져나간

내 시들은 어디로 가버렸을까
- 「미꾸라지」 전문

모내기도 열매를 얻기 위한 일종의 파종 행위여서 "모내기가 끝나버"렸다는 언술은 파종이 끝났다는 말이다. 파종이 끝났다는 말은 삶이 전수하였거나 존재가 배워야 할 과정이 끝났다는 말이다. 이는 시적 화자가 배우는 시기를 어느 정도 마치고 이제는 스스로 얻을 시기에 이르렀다는 말이다. 이 역시 존재의 정체성을 지켜내는 파수꾼의 의무 내지는 역할이라고 말할 수 있겠다.

"도랑에 물이 빠"졌다는 말은 모내기를 위한 잡아두었던 농업용수가 말랐다는 말이다. 이는 삶을 이루는 환경이 힘들어졌거나 지금껏 존재가 의지하던 "물"이라는 풍족한 환경이 변했다는 말이다. 척박한 환경에서도 "고물고물 살을 부"빈다는 언술은 서로 배려하고 의지하는 행위를 투사하고 있다.

위 작품에서 시적 화자가 도달하고자 하는 궁극은 "시"다. 이때의 "시"는 문학의 한 장르를 말하기도 하겠지만, "시"의 효용이나 목적이 존재의 본질을 탐구하고 존재의 의미를 더욱 선명하게 밝히는 데 있다면 위 작품의 "시"는 생의 "본질"로 바꾸어 읽으면 이 작품이 더 깊다. "손가락사이로 빠져나"가듯 확정 지어지지 않는 생의 본질을 찾아 끝없는 수행의 길을 가는 일이 시를 쓰는 일이기 때문이다.

2. 여줄가리까지 다시 돌아보는 인지력

여줄가리는 중요한 일에 곁달린 대수롭지 않은 일을 말한다. 전술했듯이 시가 존재의 본질을 탐구하고 존재의 의미를 더욱 선명하게 밝히려는 데 있다면 시가 되기 이전의 생활 환경이나 타자들은 모두 존재의 여줄가리에 불과한 것들이다. 그러나 여줄가리가 있어야 본질도 존재한다. 나무의 잎은 나무의 여줄가리에 지나지 않지만, 나무가 몸통을 키우고 뿌리를 확장하고 열매를 얻는 데는 잎의 광합성 작용이 절대적이다. 심지어 잎이 드리우는 무성한 그늘도 여줄가리임이 틀림없지만, 나무의 존재 의미를 논하는 아주 '중요한 여줄가리임'은 틀림없다.

'중요한 여줄가리'라는 말은 형용모순이다. 역설이라고도 할 수 있겠다. 이 문장은 여줄가리나 몸통이나 다 같이 중요하다는 말이다. 존재를 존재이게 하는 기타의 생활 요소들은 여줄가리지만 가볍게 여길 수 없다는 여줄가리다. 여줄가리를 잘 돌봐야 우람한 나무처럼 생의 줄기가 우람해진다는 말이다. 존재의 여줄가리에 대한 박귀덕 시인의 자세를 엿볼 수 있는 작품을 소개한다.

> 평생의 한이 안주 되던 날
> 맥주에 소주
> 막걸리에 보드카까지 섞어 마시던 밤
> 초롱초롱해지던 눈망울에 들어서는
> 주막집 아주머니
> 김치찌개에 새우젓갈 내놓으며
> 평생 흩었던 실타래
> 가다듬으라고 한다

> 인적 드문 자정 넘어
> 주머니 털털 털어 내놓으며
> 돈 만큼만 가주세요 했더니
> 요금이 모자라도
> 목적지까지 가준다는 기사 아저씨
>
> 자정이 훨씬 지나서까지
> 실타래를 감아주는
> 고요한 인연들
> 　　　　　　　　　　-「휘청거리는 오후」 전문

　위 작품의 제목인 "휘청거리는 오후"는 실재의 시간이기도 하고 삶의 시간이기도 하다. "휘청거"린다는 말은 삶의 갈피를 제대로 타지 못하고 이리저리 방황하는 시적 자아의 마음 상태를 투사하는 말이다. 위 작품에는 시간을 나타내는 두 개의 단어가 있다. "오후"라는 단어와 "자정"이라는 단어다. "오후"에 시적 화자는 요즘 표현을 그대로 옮기자면 술을 있는 대로 때려 마신다. "평생의 한을 안주 삼아" 주종불문하고 아무리 술을 마셔대도 "초롱초롱해지던 눈망울"은 취하고 싶어도 취할 수조차 없는 한의 깊이를 보여주고 있다.

　그런 시적 화자에게 "김치찌개에 새우젓갈"을 내주는 "주막집 아주머니"의 마음은 시적 화자의 상태를 다독여 주는 상관물이 된다. 시적 화자의 마음을 토닥여주는 상관물은 또 있다.

"주머니 털털 털어 내놓으며/돈 만큼만 가주세요"라는 시적 화자의 말에 "요금이 모자라도/목적지까지 가준다는 기사 아저씨"다. 이론으로도 상식으로도 명쾌한 해답을 찾을 수 없어 "오후" 내내 "휘청거리"던 시적 화자의 마음은 "주막집 아주머니"와 "가사 아저씨"가 대가없이 내어주는 마음에게 위로받는다.

"자정이 훨씬 지나서까지" 두 인연이 내어준 마음에 기대 시적 화자는 헝클어졌던 생의 "실타래를" 다시 풀어 정리한다. 내일 다시 생의 본질에 다가갈 힘을 얻은 것이다. 이런 인연을 시적 화자는 "고요한 인연"이라고 언술한다.

"고요"하다는 말은 위의 "주막집 아주머니"와 "기사 아저씨"가 마음을 건네주는 자신들의 행위를 야단스럽게 떠벌이거나 생색내거나 덧붙여 설명하지 않았다는 말이다. 덕분에 시적 화자의 마음도 고요해졌다는 말이다.

"주막집 아주머니"나 "기사 아저씨"는 시적 화자의 인생에 주요한 관계를 형성하는 인물이 아니다. 그냥 여줄가리에 해당하는 타자들일 뿐이다. 하루 사는 동안 만난 여줄가리 인연까지 다시 돌아보는 인지력은 박귀덕 시인의 작품을 특별하게 하는 장치이기도 하다.

> 어린잎 앞장세워 쉼 없이
> 그려 놓은 그림에 마음이 끌린다

힘들 때 등 다독여 주며
깍지 낀 손 움켜잡았던 순간들

더딘 걸음 재촉하지 않고
넘어져도 일어설 때를 기다려 주며
기어오르던 순간들

혼자가 아니라서 외롭지 않았다고
벽에 남긴 담쟁이 발자국
-「벽화」전문

    담쟁이 줄기가 벽을 타고 올라가는 모습을 표현한 글이다. 시적 화자는 담쟁이넝쿨이 "어린잎 앞장세워 쉼 없이/그려 놓은 그림"에 시적 화자의 삶을 투사하고 있다. "담쟁이넝쿨"과 시적 화자의 삶이 유비 관계가 성립하는 순간이다.
    위 작품의 "어린잎"은 시적 화자의 자식들로 읽을 수도 있다. 그러나 지평을 좀 더 넓혀 읽으면 "어린잎"은 아직 능숙하지 않고 덜 자란 세상의 모든 타자를 가리키는 말이다. 박귀덕 시인의 시적 경향상 "어린잎"은 후자의 의미에 더 비중을 두고 읽는 것이 바람직할 듯하다.
    "등 다독여 주며", "깍지 낀 손", "기다려 주며", "혼자가 아니라서"와 같은 구절은 시적 화자가 삶을 이끌고 가는 동안 여줄가리 인연들에 대해 그들의 처지를 얼마나 지극정성으로 헤아리는지를 여실히 보여준다. 또한 이런 여줄가리들을

"앞장세워" 살아내는 삶은 결국은 하나의 이미지인 "그림"으로 수렴된다는 의미도 이 작품에 명확하게 드러나 있다.

박귀덕 시인이 삶의 여줄가리를 얼마나 진지하게 돌아보고 인지하는 시인인지를 알아챌 수 있는 작품을 감상해본다.

> 봄밤 목련꽃 향기 한소끔
> 여름 석양에 피어난 구름 한소끔
> 가을에 푸른 빛 하늘 한소끔
> 눈 덮인 풍경 한소끔
> 가뭄에 타는 내 마음에 소나기 한소끔
> 여름밤 이마에 닿는 바람 한소끔
> 망해사 앞바다 노을 한소끔
>
> 실수도 이해하고 보듬은 정 한소끔
> 쓰러졌을 때 손잡아준 위로 한소끔
> 푸성귀 늘어놓은 난전의 할머니 졸음 한소끔
> ― 「행복한 순간들」 전문

전술했던 것과 같이 존재의 실존은 순간순간들을 살아내는 그 자체다. 어렵고 팍팍한 노정이지만 생의 본질은 여줄가리에 해당하는 찰나의 풍경과 물상 그리고 타자들과의 합력으로 완성된다.

위 작품 안에는 시적 화자가 생의 본질을 탐구하는 과정에서 시적 화자와 합력하는 여줄가리들을 낱낱이 호명하고 있다. "봄밤 목련꽃 향기", "여름 석양에 피어난 구름", "가을에 푸른 빛 하늘", "눈 덮인 풍경", "내 마음에 소나기", "이마에 닿는 바람", "망해사 앞바다 노을", "보듬은 정", "손잡아준 위로", "할머니 졸음" 등등이 시적 화자와 합력하는 여줄가리들이다. 봄부터 겨울까지 사계절의 풍경과 "소나기"나 "바람" 같은 자연현상, 그리고 "정"과 "위로", 심지어 시적 화자와는 아주 무관한 타자인 "난전의 할머니 졸음" 같은 이웃들은 시적 화자가 인지했든 인지하지 못했든 간에 서로 합력하여 삶의 본질을 밝혀주는 여줄가리들임이 틀림없다.

존재에 눈길을 주고 존재들의 실존과 본질에 대한 고찰을 인식하는 순간 시적 화자를 둘러싼 모든 타자가 시적 화자와 하나가 되는 경지에 이르는 것이다.

아주 사소하고 너무나 흔해서 애써 인지하지 않으면 무의식중에 무시하는 이런 여줄가리들이 우리 생의 몸피를 키우고 뿌리를 넓히고 본질을 밝히는 대타자들이다. 세상의 모든 여줄가리가 삶의 본질을 탐구하는 도구가 되고 도반이 되는 것이다. 박귀덕 시인의 이번 시집 『새들에게 배우다』에는 박 시인이 이런 여줄가리들을 돌보고, 발을 맞추고, 받아들이고, 존재로 파악해가는 인지 과정이 잘 나타나 있는 작품들이 눈에 많이 띈다. 이 작품들은 박 시인이 견지하는 삶의 자세를 여실히 들여다볼 수 있는 시인의 창문이 되기도 한다.

3. 초꼬슴 정신으로 완성해가는 인생 지도

  솟대가 구름 몇 점 물고 있는 바닷가
  물살에 햇살이 스며들면
  백로는 하루치의 명상을 시작한다

  하늘과 바다가 손잡으면
  윤슬에 나이테가 출렁이고
  늦게 핀 아기 동백꽃밭에서
  오리 떼 분주하게
  물살을 헤집는다

  저만치 서 있던 왜가리에게
  느티나무가 바람을 보내면서
  새들에게
  배우는 아침은 온다
         - 「새들에게 배우다」 전문

 박귀덕 시인에게는 '세상의 모든 여줄가리가 삶의 본질을 찾아가는 도구가 되고 도반이 된다'라는 전술을 뒷받침하는 작품이다. 이 작품의 제목처럼 시적 화자는 "새들에게 배우"기 시작한다. "하루치의 명상"으로 하루를 시작하는 "백로"와 "분주하게/물살을 헤집는" "오리 떼" 그리고 "저만치 서 있"는 "왜가리"가 시적 화자가 삶을 배우는 "새들"이다. 살아있는 새만 시적 화자의 도반이 되는 것은 아니다. "구름 몇 점 물고 있는" 생명이 없는 "솟대"도 시적 화자가 생의 본질을 탐구하는 도구며 도반이 된다.

위 작품에서 시적 화자가 새들에게 배우는 것은 "백로"처럼 "명상"하기, 그리고 "오리"처럼 "물살 헤집기"다. 명상은 하루를 여닫는 아침과 저녁에 자신을 돌아보고 흐트러지거나 흐려진 생의 본질을 다시 곧추세우게 한다. "물살 헤집"는 행위는 삶의 바다에서 사는 동안, 오리와 바다처럼 서로에게 잘 스며들어 살아가는 방법을 깨우치게 한다. '헤집다'라는 말의 뜻이 '헤치고 들어간다'인 것처럼 삶의 본질을, 혹은 존재의 실존을 파헤치면서 살아가는 행위를 나타내는 구절이다.

시적 화자가 배우는 또 하나의 대상인 "솟대"도 새 모양의 조형물이다. "솟대"가 하는 일은 마을과 마을, 인간과 신의 경계를 지키는 파수꾼의 역할이며, 신과 인간 사이를 오가는 파발마, 즉 메신저의 역할이다. 이런 "솟대"가 "물고 있는" "구름 몇 점"은 "솟대"에게 경계성과 신성을 동시에 부여하는 장치다. 이는 시적 자아가 "바닷가"에서 "새들에게 배우"는 동안은 인간의 세상에만 속한 존재가 아니라 신과 소통하는 존재라는 사실을 나타내는 것이다.

또 시적 화자가 "새들에게 배우"는 시간이 "아침"이다. 이는 시적 화자가 아침마다 생의 근본을 다시 짚어보고 점검하며 하루를 시작한다는 말이다. 이런 류의 작품은 또 있다.

바다에
해가 색을 풀었다

아직 찰랑거리는 물 위에
다홍색, 황금색, 은색

윤슬 위로
햇살이 온몸으로 쓰는 i

불기둥 하나 우뚝 선 개펄에
경건해진 내가
내 앞에 두 손 모은다

깊은 물 속에 날카롭게 솟아 물살을 가르는 암석처럼
고목 나무에 패인 웅덩이를 시멘트로 메워놓은 옹이처럼
얼기설기 흩어 놓은 실타래처럼
험한 마음 다독여 가다듬고
안정을 찾을 수 있는
그 순간에 닻을 내리고 싶다

i는 본향
가 닿고 싶은 그곳

- 「일출」 전문

  일출을 보며 느낀 감회를 쓴 작품이다. 떠오르는 아침 해는 "불기둥 하나 우뚝" 세운다. 태양의 아침 일과다. 아침 해가 "햇살이 온몸으로 쓰는 i"는 시적 화자가 지향하는 "본향"이다. 본향은 우리의 영혼이 온 곳이다. 어린아이처럼 순수한 영혼은 육신의 삶을 사는 동안 세파에 많이 시달렸고 오염시키거나 오염되었을 것이다.

또, 아침 햇살이 "i"를 쓰는 공간을 시적 화자는 "개펄"이라고 했다. 아침 햇살이 잔잔하고 맑은 바다에 "i"를 쓰지 않고, 조가비들의 무덤이며 온갖 쓰레기들이 몰려와 사는 갯것들의 생활 터전인 "개펄"에 "i"를 쓰는 이유는 이 작품에서 "개펄"이 질척거리고 탁한 세상을 상징하는 장치로 사용되었음을 알 수 있다.

오염시키거나 오염된 상태를 시적 화자는 "암석", "옹이", "실타래", "험한 마음" 등으로 나열하고 있다. 어떤 상처는 너무 딴딴해서 생긴 것이고 어떤 상처는 너무 제멋대로여서 생긴 것이다. 생활하는 동안 타자와 서로 상처를 주고받느라, 또는 서로의 욕망이 충돌해서 일어나는 것들이다.

아침 바다에 태양이 써 놓은 "i"는 영혼의 본질, 혹은 영혼의 본래 자리가 되기도 하고, "i"를 영어 단어로 읽으면 시적 화자와 이 시를 읽는 독자들 자신이기도 한 것이다. 그래서 시적 화자는 순수한 영혼의 상태로 "가 닿고 싶은" 곳이다. 심지어 태양도 하루를 순환하는 동안 이런저런 세파에 시달려서 아침마다 자기 자신인 "i"를 다시 가다듬어 곧추세우고 또 하루를 시작하는 것이다. 이런 언술은 박귀덕 시인의 작품 「새들에게 배우다」에서 언급한 "하루치의 명상"과도 같은 결을 가지고 있다. 이는 시적 화자가 날마다 자신을 질정하고 영혼의 순수를 돌본다는 사실을 엿볼 수 있는 대목이다.

  영혼의 순수를 갈망하고 처음 자리로 돌아가고자 하는 작품 일부를 소개한다.

> 혼으로 빚어낸 초꼬슴 사랑
>
>   - (「못」 중에서)

'초꼬슴'은 '어떤 일의 맨 처음'이라는 뜻이다. '꽃'이라는 접두어와 비슷한 뜻을 가진다. 용례로 맨 처음 익은 참외를 일컫는 '꽃등 참외' 등이 있다. 박귀덕 시인의 이번 시집 『새들에게 배우다』를 지배하고 있는 사유는 존재의 본질을 탐구하고 돌보며 지켜내는 초꼬슴 정신이다.

  '나의 영혼은 과연 순수한가?'에 대해 끊임없이 진단하고 돌보는 여정이 이 시집에는 잘 나타나 있다. 태초부터 지녀온 영혼의 순수는 인간 존재의 본질에 연결되었을 것이다. 삶을 꾸리는 동안 어떤 형태로든 영향을 주고받으며 영혼의 처음 자리인 "본향"(「일출」 중에서)에 "가 닿고 싶"(「일출」 중에서)어 하는 그리움을 이번 시집에서 어렵지 않게 읽어낼 수 있다.

  박귀덕 시인은 평소 남의 눈에 좋게 보이기 위해 꾸며내는 '눈비음'을 하지 않는 편이다. 마음 깊은 곳에서 타자라는 존재를 돌보고 지켜주면서 시인 자신은 "초꼬슴"의 정신으로 영혼의 본향을 찾아가는 시인이다. 서두에 언급한 '문학은 영혼의 반영일까?'라는 의문에 충분한 대답이 되는 작품집이다.

아까막새

날개도 없이 훨훨 날아
세상을 떠도는 새
날개 없이도 천 리 길
너끈히 날아가는 새

날개 달아 날려 보내면
고향도 벗어나 날아다니는 새

푸른 이끼 내려앉은 바윗돌 같은
방언 딱지 붙여 놓아도
아무렇지 않게 훨훨 날아가는 새

말이 생명이라면
이쁜 '아까막새'에 방언이란 딱지 떼어 내고
지역이란 장벽을 넘나들 수 있도록
날개 달아 날려 보내주고 싶은 새

이름만 들어도 웃음 나오는 새
아까막새
　　　　　　　　　　　　　－「아까막새」 전문

박귀덕 시인의 작품 중에서 결이 다른 작품 하나를 더 소개한다. "아까막새"는 방언이다. 특히 전북지역의 사람들은 단번에 알아듣지만, 타지 사람들은 뜻을 헤아리기가 쉽지 않은 방언이다. 이런 방언을 재미있게 풀어 준 작품이 "아까막새"다. 새는 새인데 "날개도 없"다. 이 새는 힘이 좋아서 "바윗돌 같은/방언 딱지 붙여" 놓아도 조국 산천을 "훨훨 날아" 다닌다. "이름만 들어도 웃음 나오는 새"다. 시적 화자는 힘이 세고 사랑스럽기까지 한 "아까막새"가 "지역이란 장벽을 넘나들"었으면 좋겠다고 생각한다. 그래서 '거시기'처럼 표준어로 인정받았으면 좋겠다고 생각한다.

문학의 본질이 인간의 더 나은 삶의 지향하고 존재의 뿌리를 돌아보는 도구라면, '본향'을 잊지 않고 지키려는 박귀덕 시인의 정신은 삶의 여줄가리까지 찬찬히 돌아보게 하고 초꼬슴의 정신으로 인생 지도를 완성하게 하는 하나의 지침서라 할 수 있겠다.

박귀덕 시집

새들에게 배우다

인 쇄 | 2025년 4월 1일
발 행 | 2025년 4월 3일

지은이 | 박 귀 덕
펴낸이 | 서 정 환
펴낸곳 | 인간과문학사
주   소 | 서울특별시 종로구 삼일대로 30길 21, 종로오피스텔 809호
전   화 | 02)747-5874, 063)275-4000
등   록 | 제300-2013-10호
E-mail | sina321@hanmail.net

* 저자와 협의하여 인지는 생략합니다.
* 잘못된 책은 바꿔 드립니다.

ISBN 979-11-6084-245-6 03810
값 10,000원

Printed in KOREA